PUNTAPIÉ
INICIAL

ESTE LIBRO PERTENECE A: _____

PUNTAPIÉ INICIAL

EL COMIENZO DEL JUEGO MÁS IMPORTANTE DE TU VIDA

Daniel Dardano / Daniel Cipolla / Hernán Cipolla

NIKHOS IDEAS
IDEAS QUE TRANSFORMAN GENTE

www.nikhosideas.org

© 2013 Nikhos Ideas, Inc.
14850 SW 26th Street, Suite 109
Miami, Florida, 33185
Tel: (305) 408-7298
Fax: (786) 533-3124
www.nikhosideas.org

Este es un libro producido por:
Nikhos Editorial y Nikhos Art
(Divisiones de Nikhos Ideas, Inc.)

Corrección y edición: Zully Perez

Idea de Portada: Jairo Cipolla

Diseño de Portada e Interior: Horacio Ciccia

ISBN # 978-1-955588-02-7

E-ISBN # 978-1-955588-03-4

4ª Edición

CONTENIDO

INTRODUCCIÓN

Te damos la bienvenida a *Puntapié inicial*.

¿Te sorprende el título? Reflexiona… todo en la vida tiene un punto de partida, y cuando se trata de tu vida espiritual, este punto de partida es demasiado importante. El objetivo de este libro es colaborar contigo en *el comienzo del juego más importante de tu vida*.

Un deportista se entrena intensamente con el propósito de estar excelentemente preparado para enfrentar el juego que tiene por delante. Una vez que se da el puntapié inicial, el jugador está expuesto a la mirada crítica de miles de espectadores y tiene que demostrar que está capacitado para jugar un excelente partido. Al mismo tiempo, se debe ajustar a las reglas de ese deporte, obedecer las indicaciones del árbitro y seguir las instrucciones de su entrenador. El cumplimiento de estas pautas puede asegurarle que además de jugar ese partido, sea titular en su equipo para el resto del torneo. Su expectativa es triunfar y recibir un premio o un trofeo por su buen desempeño.

Si bien la vida cristiana no es un juego y tampoco está ligada a ningún deporte, es una competencia y tiene varias similitudes con la idea de la práctica de un deporte. Cada día es para ti como "un nuevo juego que se inicia", en el cual, tienes que demostrar que el Señor te ha capacitado para ser "un excelente jugador".

Hay "reglas" o pautas que Dios estableció para tu beneficio y Él es el árbitro que observará que las sigas para que puedas ver cumplidas todas sus promesas en ti. Además, el Espíritu Santo, como "entrenador", te da las instrucciones precisas para ser exitoso y agradar al Señor en todo; mientras esto sucede, hay muchas personas que te observan como espectadores para ver a Cristo en ti. Si compites en el poder del Espíritu Santo, te aseguramos que ganarás un premio que no es de este mundo y tampoco es pasajero, sino que es celestial y permanecerá eternamente (ver 1ª Corintios 9:24-27).

Puntapié inicial está pensado para personas que están iniciando su vida como seguidores de Cristo. No obstante, la revelación de las verdades expuestas en este libro afirmará tu identidad en el Señor, tanto si eres una de esas personas o si tienes varios años de conocerlo. Este libro tiene el objetivo de fundamentar tu vida en Cristo con temas esenciales, enseñados de manera resumida, pero con mucho contenido.

Ten en cuenta que para responder las preguntas deberás utilizar la Biblia Nueva Versión Internacional.

Al trabajar en este libro comprobarás que la obra que Jesucristo realizó por ti es integral; abarca espíritu, alma y cuerpo. Esto impactará positivamente tu persona, tu familia, tu trabajo y tus relaciones con otros.

¡Cristo vive en ti! Recibiste su naturaleza, que produjo una transformación profunda en tu realidad interior. La naturaleza divina está obrando en ti y Cristo está siendo formado en tu vida con el propósito de que lo reflejes poderosamente.

Este libro es una herramienta que Dios pone en tus manos para que tengas éxito en el juego más importante de tu vida. ¡Demos juntos el *puntapié inicial*!

DANIEL DARDANO / DANIEL CIPOLLA / HERNÁN CIPOLLA

1. SALVACIÓN:

EL REGALO QUE NO SE PUEDE COMPRAR

... El Hijo de Dios fue enviado precisamente
para destruir las obras del diablo.
1ª Juan 3:8b

Cristo Jesús vino al mundo con el propósito de *salvar* a la raza humana, liberándola del dominio de Satanás para trasladarla al Reino de Dios (ver Colosenses 1:13-14). La *salvación* es un regalo que Dios le ofrece al ser humano por amor, y que solo se recibe a través de Jesucristo. Es por medio del arrepentimiento y la fe en Cristo que cada individuo queda unido a Él, y experimenta la salvación de Dios en todo su ser: *espíritu, alma y cuerpo.*

La salvación es el conjunto de beneficios que disfruta todo aquel que recibió a Cristo y creyó en Él. Incluye perdón, redención, justificación, santificación, liberación, preservación, sanidad, seguridad, restauración, prosperidad.

La salvación es imprescindible. Por medio de ella *el ser humano deja de vivir independiente de Dios, y es rescatado del dominio del diablo, de la esclavitud del pecado y de la separación eterna de Dios.*

Cristo fue a la cruz en espíritu, alma y cuerpo, y lo hizo para *redimir* al ser humano en su totalidad, otorgándole una salvación integral. *Redimir es liberar a alguien mediante el pago de un precio.*

En tiempos antiguos una persona iba al mercado de esclavos con el propósito de comprar a uno de ellos y convertirlo así en su esclavo. Contrario a esta práctica, el acto de redimir tiene el objetivo de comprar al esclavo para hacerlo libre de la esclavitud. Exactamente eso es lo que Cristo hizo cuando murió y pagó con su sangre el precio del rescate para redimir al ser humano y darle libertad de la esclavitud del pecado (ver 1ª Pedro 1:18-19). Ahora bien, la redención que Jesucristo efectuó es para que el ser humano, por la libertad recibida, viva para Dios y no para sí mismo. El Padre Dios nos liberó para siempre del dominio del diablo, y nos trasladó al Reino de su amado Hijo, para vivir bajo su gobierno.

Podemos comprender algunos resultados de la redención con solo mencionar cuatro beneficios a favor del ser humano:

Cambio de pertenencia y gobierno: Ya no estamos bajo la autoridad del diablo, porque el Padre Dios nos compró para trasladarnos al Reino de Cristo (ver Colosenses 1:12-14, 1ª Corintios 6:20).

Cambio de condición: Ya no estamos en la condición de muerte espiritual, separados de Dios, sino que por Cristo tenemos vida eterna y estaremos con Dios para siempre (ver Juan 5:24, Romanos 6:23, 2ª Timoteo 1:10).

Cambio de paternidad: El diablo era nuestro padre, pero a partir de que nos entregamos por fe a Cristo, nuestro padre es Dios (ver Mateo 13:37-38, Juan 1:12).

Cambio de naturaleza: Antes, nuestra naturaleza humana contaminada por el pecado nos dominaba, pero ahora, Cristo nos purificó y nos dio la naturaleza de Dios (ver 2ª Pedro 1:4).

Por la redención, somos libres del poder del pecado y sus consecuencias, que se resumen en esclavitud, enfermedad y muerte eterna. El objetivo de Dios al proveer salvación integral es que el ser humano recupere el propósito para el cual fue creado y lo cumpla, mientras disfruta de todos los beneficios que la salvación le otorga.

Con base en los siguientes pasajes bíblicos, selecciona las respuestas correctas que indican experiencias indispensables relacionadas con la salvación. Luego, confirma si has vivido esas experiencias.

1. Hechos 17:30 y 26:18

    ☐ a. Arrepentirse y convertirse

    ☐ b. Hacer penitencias y sacrificios ante Dios

    ¿Te has arrepentido y convertido?   SÍ ☐   NO ☐

2. *"Pero a quienes lo recibieron y creyeron en él, les concedió el privilegio de llegar a ser hijos de Dios"* (Juan 1:12, DHH).

☐ a. Pensar en Jesús y buscarlo en la necesidad

☐ b. Recibir a Jesucristo y creer en Él

¿Has recibido a Jesucristo como Señor, Rey y Salvador, y crees en Él? SÍ ☐   NO ☐

3. Juan 3:3 y 5

☐ a. Volverse cristiano y asistir a una iglesia

☐ b. Nacer de nuevo para ver el Reino de Dios y entrar en él

¿Has nacido de nuevo, has visto el Reino de Dios y has entrado en él? SÍ ☐   NO ☐

4. Romanos 10:9

☐ a. Confesar con la boca y creer en el corazón

☐ b. Tener a Jesús todo el día en la boca

¿Has confesado con tu boca que Jesucristo es el Señor, y creído en tu corazón que Dios lo resucitó? SÍ ☐   NO ☐

Quien ha tenido la experiencia de recibir salvación, obtiene resultados concretos. Para descubrirlos, lee los siguientes pasajes bíblicos.

5.   Efesios 2:8 y Romanos 6:23

☐   a. Cree que Dios lo salvó para consentirlo

☐   b. Está seguro de ser salvo y disfruta de vida eterna

Haciendo una reflexión de tus respuestas sobre cada una de las experiencias, ¿estás seguro de que eres salvo y de tu destino eterno?   SÍ ☐.   NO ☐

Después de leer los pasajes citados debajo, selecciona la frase que indica lo que sucede con una persona que rechaza la salvación ofrecida por Dios en Cristo.

6.   Juan 3:17-19 y Apocalipsis 21:8

☐   a. Se salva igual porque Dios es bueno y Cristo murió por ella

☐   b. Es condenada y su destino eterno es el infierno

La Palabra certifica que el propósito de Dios al enviar a su Hijo al mundo fue salvar a la humanidad, no condenarla. Por lo tanto, la condenación no tiene nada que ver con el plan de Dios, sino que es el resultado de no creer en Cristo.
Además de la redención, hay otros hechos trascendentes y transformadores que ocurren en nuestra vida cuando somos salvos. Uno de ellos es la *justificación*.

Para referirnos al hecho de cómo opera la justificación en el ámbito espiritual es necesario hacer una comparación con lo que sucede habitualmente en un juicio. La siguiente historia te ayudará a comprender la verdad espiritual.

Una persona que comete un delito es acusada, y debe comparecer ante un juez. Durante el juicio se intenta demostrar la inocencia o culpabilidad del acusado. Al finalizar el proceso, y luego de haber comprobado el delito, el juez dictamina la sentencia y declara culpable al acusado, quien es condenado y deberá pagar el castigo por sus acciones.

Ahora imagina que, en ese momento, se presenta sorpresivamente alguien que apela ante el juez, le explica que él tomó el lugar del acusado con anterioridad, pagó por los cargos que había en su contra, recibió el castigo de su culpa y cumplió la condena. Como respaldo de su apelación, presenta los documentos legales que certifican que su accionar a favor del condenado es válido.

Ante la confusión de todos los presentes, el fiscal acusador intenta rebatir la explicación del extraño, y defiende ante el juez la causa por la cual el acusado debe pagar por sí mismo la condena que le corresponde. Sin embargo, el juez revisa los documentos presentados por el extraño, piensa por un momento y toma la palabra para dar su veredicto:

—¡El acusado es justificado de su delito, quedando libre de todos los cargos que había contra él! ¡Suéltenlo y déjenlo ir!

Este relato te ayuda a comprender cuál era tu condición ante Dios. Tú eras el condenado, Dios era el juez y estaba preparado para dictar la sentencia condenatoria contra ti, cuando alguien apareció en la corte y dijo:

—¡No lo condene, yo pagué!

—¿Quién es él? ¿Cuál es su nombre? —interrumpiste, ansioso por saber la identidad de tu salvador.

El juez respondió:

—Mi Hijo, Jesucristo.

Ante Dios como juez, cada ser humano se encuentra en la misma condición que el acusado del relato. Por ser pecador, se ha hecho legalmente injusto ante Dios, está condenado, y no hay nada que pueda hacer para cambiar esa condición. El diablo, como fiscal acusador, continúa argumentando que el ser humano es culpable y que merece el castigo más severo que se le pueda imponer. En ese momento, así como el extraño de la historia, se presenta Jesucristo ante Dios, y muestra su obra en la cruz como documento irrefutable de su accionar a favor del acusado. Solicita la absolución y liberación del condenado, declarando que Él ocupó su lugar, quitó todos sus cargos, recibió el castigo de su culpa y cumplió la condena.

En resumen, la salvación que una persona recibe en Cristo la justifica delante de Dios, de tal manera que ante sus ojos es *como si nunca hubiera pecado*.

> Después de leer los pasajes citados debajo, selecciona la frase que indica de qué manera somos justificados.
>
> 7.   Romanos 4:25; 5:1 y 18
>
> ☐   a. Por la fe y muchas obras de caridad somos justificados por Cristo para ganar la salvación
>
> ☐   b. Por la fe somos justificados por Cristo gratuitamente, a causa de la obra que Él realizó

Otro de los hechos extraordinarios que ocurre en nuestras vidas cuando somos salvados por Cristo, es la *santificación*.

Todo ser vivo responde a su naturaleza. Un gato no puede convertirse en perro; no existe manera de que cambie su naturaleza, porque así nació.

En el plano espiritual todos nacemos con una naturaleza pecadora que no podemos cambiar. Según esta realidad, solo quedaría resignarnos, pensando que si somos pecadores nunca llegaremos a ser santos. No obstante, aquello que es imposible para el ser humano, se hace posible gracias a Cristo, por su obra maravillosa y sobrenatural. Aunque éramos de naturaleza pecadora por nacimiento, hemos recibido la naturaleza celestial que *nos transformó de pecadores a santos*.

Al limpiarnos de nuestros pecados, Cristo nos santificó, es decir, nos apartó para Dios, de manera que estamos consagrados a Él. Al mismo tiempo, Cristo nos purificó para vivir en un estado de pureza.

La santificación no provino de nuestro esfuerzo por ser mejores personas, sino que fue el resultado directo de la obra de Cristo aplicada a nuestras vidas por la fe. Cristo nos hizo santos, y en esa condición podemos disfrutar constantemente de su santidad como algo natural y cotidiano.

Después de leer los pasajes bíblicos que se citan a continuación, señala la frase que muestra nuestra condición delante de Dios.

8. Romanos 6:22, 1ª Pedro 1:14-16

☐ a. Al ser libres del pecado somos santificados y debemos vivir como santos porque lo somos

☐ b. Solamente podremos ser completamente santos cuando lleguemos al cielo

9. Según lo expresado en 1ª Corintios 6:11, ¿en qué momento fuimos justificados y santificados?

☐ a. No existe un momento, porque la justificación y la santificación son un proceso permanente

☐ b. Cuando la obra de Cristo se aplicó en nuestras vidas por la fe

Al llegar al final de este tema, afirmarás aún más cuán trascendente, segura y completa es la salvación que Dios te ha concedido.

10. En 1ª Corintios 1:30, se conjuntan los temas que has analizado. Léelo y responde, ¿a quién constituyó Dios como nuestra justificación, santificación y redención?

☐ a. A Jesucristo

☐ b. A nosotros

Es contundente y definitivo, solo en Jesucristo y únicamente por Él, el mundo alcanza salvación.

LO NUEVO NO ADMITE PARCHES

Sumado a todo lo que recibiste a través de la salvación, y como si fuera necesario algo más, el Señor afirma tu identidad en Cristo con estas palabras: *"Por lo tanto, el que está unido a Cristo es una nueva persona. Las cosas viejas pasaron; se convirtieron en algo nuevo"* (2ª Corintios 5:17, DHH).

11. Según el versículo que acabas de leer, elige las respuestas correctas:

☐ a. El que se une a Cristo es una nueva persona

☐ b. Lo viejo pasó y ahora todo es nuevo

☐ c. Lo viejo se supera por un proceso de restauración

☐ d. Ser una nueva persona no quita la carga del pasado

Todo lo que tienes como hijo de Dios es a través de Jesucristo y su obra, y por estar unido a Él puedes experimentar la realidad de ser una persona completamente nueva. *Dios no ha planeado una vida mejor para ti, sino una vida nueva en ti*; por lo tanto, cabe una reflexión, ¿sería lógico ponerle parches o remiendos a tu vieja vida contaminada por el pecado? Es más, ¿qué sentido tendría restaurar algo viejo si se puede disfrutar de una vida nueva? Eres una *nueva persona* ¡aquí y ahora!

Luego de haber meditado en la salvación que Dios te ofrece, resume lo que has comprendido:

2. BAUTISMO EN AGUA:

EL COMIENZO DE UNA VIDA SUPERIOR

El Señor ordenó que quien se arrepienta y se entregue a Él sea bautizado. La razón de esta ordenanza es que solo a través del bautismo el discípulo experimenta en todo su ser la muerte y la resurrección de Cristo.

El discípulo lleva a cabo el bautismo por fe. Este acto carece de valor y significado si se realiza como una simple ceremonia, un rito, o el cumplimiento de un formalismo religioso. El término bautismo deriva de la palabra griega *baptizo*, que significa: inmersión, sumergir, zambullir.

Lee el siguiente pasaje bíblico:

³ ¿No saben ustedes que todos los que fuimos bautizados en Cristo Jesús, fuimos bautizados en su muerte? ⁴ Porque por el bautismo fuimos sepultados con él en su muerte, para que así como Cristo resucitó de los muertos por la gloria del Padre, así también nosotros vivamos una vida nueva.

Romanos 6:3-4, RVC

1. Según el pasaje, ¿en quién es bautizado el discípulo y para qué?

   ☐ a. Es bautizado en Cristo Jesús para que viva de acuerdo con la nueva vida que ha recibido de Dios

   ☐ b. Es bautizado en Dios Padre para cumplir con el requisito que exige la Iglesia

El Espíritu Santo, a través de Pablo, establece aspectos fundamentales del bautismo:

Sepultura y muerte: En el ámbito natural, una persona primero muere, y luego es sepultada. Sin embargo, en el ámbito espiritual es diferente. El apóstol afirma que lo primero que ocurre en el bautismo es una sepultura. Al sumergirse en el agua, *el discípulo es sepultado en la muerte de Jesucristo.* La sepultura en su muerte es lo que permite al discípulo experimentar la misma muerte del Señor operando con total efectividad en su vida. Por ese acto, derrota al poder del pecado, al igual que lo hizo Jesús, quien murió una vez y para siempre para hacernos libres del dominio del pecado (ver Romanos 6:10-11).

Resurrección: Una vez que el discípulo fue sepultado y murió al pecado, está en condiciones de experimentar la resurrección de Cristo. Así como Cristo fue resucitado por el poder del Padre Dios, cuando el discípulo es levantado del agua, resucita con Cristo para vivir una vida nueva (ver Colosenses 2:11-12). Esta vida nueva no es su vieja vida transformada o santificada, sino la misma vida resucitada de Cristo habitando en él. El discípulo que resucita a esta vida nueva por el bautismo nunca más está sujeto al poder del pecado, sino que ahora está sujeto a la victoria y al poder de Cristo en él. El viejo hombre o la vieja naturaleza, no tiene más dominio sobre el discípulo porque el pecado ha perdido su poder y efecto sobre él (ver Romanos 6:5-7).

La expresión *bautizados en Cristo Jesús* significa que el acto físico de bautizarse en agua introduce al discípulo a una experiencia espiritual extraordinaria: *es unido a Cristo para experimentar su muerte y resurrección.* Otras versiones bíblicas reafirman esta misma verdad, al expresar: *"... fuimos bautizados para unirnos con Cristo Jesús"* (NVI, NBD); *"... fuimos unidos a Cristo Jesús en el bautismo"* (NTV), *"... al quedar unidos a Cristo Jesús en el bautismo"* (DHH).

El poder sobrenatural que se manifiesta a través de este acto demuestra que *el bautismo no consiste solo en haber sido sumergido en agua, sino en quedar unido a Cristo para morir y resucitar con Él.* Desde esta perspectiva se comprende la profundidad que tiene el acto del bautismo en agua.

2. De acuerdo con Mateo 28:18-20, ¿quién instituyó el bautismo?

- [ ] a. La Iglesia
- [ ] b. Jesucristo

El bautismo es un mandamiento trascendente. Fue establecido por el mismo Cristo resucitado, por lo cual no es opcional ni relativo.

3. Jesús estableció una acción indispensable, ligada a creer en Él. Según Marcos 16:15-16, ¿cuál es?

- [ ] a. Bautizarse
- [ ] b. Bautizarse solo cuando se tenga el deseo

4. Ahora lee Hechos 2:41; 8:12, 35-39 y responde, ¿quiénes se bautizan?

- [ ] a. Los niños recién nacidos para convertirse en cristianos
- [ ] b. Los que reciben la Palabra del Señor y creen en Él

Creer es la *decisión interna e invisible*, y el bautismo es la *demostración externa y visible* de una genuina conversión y una entrega total de la vida a Jesucristo, para vivir bajo su señorío y gobierno. El bautismo está indefectiblemente ligado a la acción de creer. Ambos son actos de fe tan necesarios que en la Palabra siempre se mencionan unidos. El bautismo es el acto que sigue inmediatamente al hecho de haber creído, lo cual es confirmado en varios relatos bíblicos (ver Mateo 28:19, Hechos 2:37-38; 19:2-5). Con base en lo anterior, podemos reafirmar que el bautismo es fundamental e inseparable al hecho de recibir la Palabra del Señor y creer en Él.

Existen casos excepcionales para que una persona no sea bautizada al momento de creer en Cristo, que responden exclusivamente a situaciones extremas. Un ejemplo de lo antedicho es lo que le sucedió a uno de los ladrones que estaba crucificado junto a Jesús. Cuando este hombre reconoció a Jesús como el Hijo de Dios, el Señor le respondió: *"—Te aseguro que hoy estarás conmigo en el paraíso..."* (Lucas 23:43). Es evidente que este hombre crucificado recibió el regalo de la salvación al creer en Jesús, lo cual confirma que una persona es salva por la fe. Además, no tuvo la posibilidad de bautizarse en agua porque estaba crucificado y moriría horas más tarde. Sin embargo, el bautismo sí es imprescindible para todos aquellos que creen en Jesucristo y siguen viviendo en este mundo como discípulos suyos. Solo a través del bautismo, los creyentes experimentan la muerte y la resurrección del Señor para vivir con poder y victoria todos los días.

5. Por lo que comprendiste de la enseñanza bíblica, señala a continuación la respuesta correcta:

¿El bautismo fue instituido por la Iglesia?
SÍ ☐   NO ☐

¿El bautismo es obedecer a Cristo?
SÍ ☐   NO ☐

¿El bautismo es indispensable?
SÍ ☐   NO ☐

El bautismo es un privilegio para el discípulo que mira en perspectiva la grandeza del propósito de Dios y quiere vivir cada día en el poder de la vida resucitada de Cristo, una vida indestructible de victoria.

3. BAUTISMO CON EL ESPÍRITU SANTO

EL PODER DE UN SER SIN IGUAL

El Espíritu Santo es Dios. Una de las enseñanzas más trascendentes de Jesús a sus discípulos poco antes de ir a la cruz, fue sobre el Espíritu Santo y su obra en los creyentes. El Señor les comunicó que era mejor que Él se fuera, ya que solo de esta manera podría enviarles al *Consolador* (literalmente: alguien llamado a estar a nuestro lado, abogado, intercesor, ayudador y consejero), el Espíritu Santo (ver Juan 16:7).

Jesús no dejaría huérfanos a los suyos (ver Juan 14:18). Vendría a ellos nuevamente, pero ahora a través del Espíritu Santo.

LA OBRA DEL ESPÍRITU SANTO

Observa algunas de las funciones del Espíritu Santo.

1. Lee Juan 3:3-6 y deduce quién produce el nuevo nacimiento en todo aquel que cree en Jesucristo y para qué es necesario nacer de nuevo:

   ☐ a. El Espíritu Santo produce el nuevo nacimiento para entrar al Reino de Dios

   ☐ b. La persona que comienza a corregir sus faltas termina produciendo el nuevo nacimiento para poder entrar al cielo

El nuevo nacimiento espiritual es una obra del Espíritu Santo, irreemplazable para entrar en el Reino de Dios.

2. En Juan 16:8, 13-14, se detallan acciones específicas del Espíritu Santo. Elige las correctas del listado que verás debajo:

   ☐ a. Convencer de libertad

   ☐ b. Convencer de pecado

☐ c. Convencer de justicia

☐ d. Convencer de condenación

☐ e. Convencer de juicio

☐ f. Guiar a la realización personal

☐ g. Guiar a toda la verdad

☐ h. Hacer saber las cosas que vendrán

☐ i. Glorificarse a sí mismo

☐ j. Glorificar a Jesús porque toma lo que es de Él y lo da a conocer

El Espíritu Santo es el encargado de convencer al mundo de pecado, de justicia y de juicio. Esta es una labor indispensable y trascendental.

El convencimiento de pecado es la acción del Espíritu Santo de confrontar al ser humano, mostrándole su condición de pecador. Habitualmente se cree que esta condición se origina en los pecados que el ser humano comete; sin embargo, no es así. Los pecados son el efecto, pero no la causa. La causa es que el ser humano se independizó de Dios; a esa independencia se la puede denominar *el pecado*. El efecto tiene que ver con las malas acciones humanas, a las cuales se las puede denominar *los pecados*.

El convencimiento de justicia consiste en que el Padre le hizo justicia a Jesús al resucitarlo de los muertos, exaltándolo y dándole el lugar que le correspondía como Señor, Rey y Salvador del mundo. Jesús merecía esta justicia divina, porque siendo puro y justo fue juzgado y condenado injustamente como un criminal, cuando en realidad, era el Dios santo hecho hombre. Por causa de la justicia de Jesús, toda persona que cree en Él es hecha justa gratuitamente porque recibe su justicia.

El convencimiento de juicio consiste en la derrota de Satanás, que es el príncipe de este mundo. Cristo, por su obra en la cruz, juzgó, condenó y derrotó al diablo, quitándole su dominio sobre la humanidad. Como el diablo ya no tiene ese dominio, el Espíritu Santo puede actuar libremente en el ser humano para que se arrepienta, crea en Jesucristo y sea hecho hijo de Dios.

Por otra parte, el Espíritu Santo guía al discípulo a toda la verdad, porque no habla lo que le parece, sino lo que oye. Pero ¿de quién oye la verdad? De Jesús. Él mismo declaró que es la verdad (ver Juan 14:6), por lo tanto, es la fuente de la verdad absoluta. Por esta razón, el Espíritu Santo oye de Jesús la verdad, con la cual guía al discípulo y le da a conocer lo que vendrá. Es muy importante señalar que el Espíritu nunca habla por sí mismo, ya que su función en la Tierra es tomar todo lo que pertenece a Jesús y únicamente lo que procede de Él, para revelárselo a los discípulos; de ese modo, Jesucristo recibe toda la gloria.

UNA EXPERIENCIA QUE NO PUEDE FALTAR

En el Antiguo Testamento se registra la promesa del bautismo con el Espíritu Santo (ver Ezequiel 36:26-27; Joel 2:28-29). Esta experiencia está ligada al nuevo nacimiento (ver Hechos 8:12-17).

3.   Ahora lee Mateo 3:13-17, y llena los espacios en blanco:

a. Jesús fue al Jordán para ser _____ por Juan el Bautista.

b. Después que fue bautizado, el _____ se abrió y vio al _____ de _____ bajar como una _____, y posarse _____ Él. .

Después que Jesús fue bautizado en agua, descendió el Espíritu Santo sobre Él en forma de paloma. Es notable que Jesús necesitara ser ungido por el Espíritu Santo. ¿Por qué siendo el Hijo de Dios, necesitó recibir el Espíritu Santo? La respuesta resulta evidente cuando observamos que Jesús, aunque era Dios, se hizo hombre, y en esa condición fue indispensable que recibiera el Espíritu Santo, a fin de estar equipado para cumplir el propósito por el cual el Padre lo envió. Si Él, siendo el santo Hijo de Dios, en su condición de hombre necesitó recibir el Espíritu Santo, ¡cuánto más nosotros!

4.   Lee Juan 1:33-34 y responde quién bautiza con el Espíritu Santo:

   ☐   a. El Padre Dios

   ☐   b. Jesucristo

5.   Según lo registrado en Lucas 24:49, ¿qué les dijo Jesús a sus discípulos?

   ☐   a. Que les enviaría lo prometido por el Padre

   ☐   b. Que ya tenían todo lo que necesitaban

6.   Según Hechos 1:8, ¿cuál era el objetivo del cumplimiento de esa promesa?

   ☐   a. Recibir fortaleza para ser mejores cristianos

   ☐   b. Recibir poder y ser testigos de Jesucristo

Jesús mismo es quien bautiza con el Espíritu Santo. La promesa del Padre no era algo, sino alguien. Era nada más y nada menos que el Espíritu Santo, con el cual serían bautizados los creyentes, siendo así revestidos del poder celestial para vivir en el ámbito terrenal. Llenos de ese poder, los discípulos se convertirían en testigos de Jesucristo. La promesa que se cumplió al comienzo de la cristiandad sigue siendo vigente en la actualidad. Los hijos de Dios requieren recibir el poder del Espíritu Santo para vivir sobrenaturalmente en este mundo, y también para ser testigos eficaces de Jesucristo en todo lugar.

7. En Hechos 2:1-4, encontrarás el relato de la primera vez que el bautismo con el Espíritu Santo se hizo manifiesto. Léelo detenidamente y completa las frases que verás a continuación:

a. Cuando llegó Pentecostés, los discípulos estaban todos _____ en el _____ _____.

b. En ese momento vino del cielo un _____ como el de una violenta _____ de _____ y _____ toda la casa donde estaban reunidos.

c. Aparecieron unas _____ como de fuego que se repartieron y se posaron _____ cada uno de ellos.

d. Todos fueron _____ del _____ _____ y comenzaron a _____ en _____ _____, según el Espíritu les concedía expresarse.

Los discípulos permanecieron en Jerusalén, así como Jesús se los ordenó después de resucitar. Estando ellos reunidos en el lugar donde se alojaban (ver Hechos 1:12-13), descendió el Espíritu Santo y *todos* fueron llenos, y comenzaron a hablar en otras lenguas. Sin embargo, la experiencia del bautismo con el Espíritu Santo no fue solo para los que estaban juntos en Jerusalén.

8. Por la lectura de Hechos 4:31; 8:14-17; 10:44-46; 11:15-16; 19:1-6, confirma cuántas veces aparece registrado el bautismo con el Espíritu Santo:

☐ a. Muchas veces

☐ b. Una sola vez

El hecho de que el bautismo con el Espíritu Santo sucediera en varios lugares y con diferentes discípulos de distintas nacionalidades, demuestra que esta es una experiencia fundamental e indispensable para los discípulos de todos los tiempos. La historia ratifica que entre la primera experiencia del bautismo con el Espíritu Santo y la relatada en Hechos 19, pasaron más de veinte años.

Es muy importante notar que, en todos los ejemplos citados, el bautismo con el Espíritu Santo está acompañado de una señal evidente, que es el hablar en otras lenguas. Esta es una manifestación por la cual el creyente habla uno o más idiomas, y aunque no los entiende intelectualmente, está capacitado para hablarlos por inspiración del Espíritu Santo. Si bien los mensajes en lenguas pueden ser distintos, siempre glorifican a Dios. Con esta señal se remarca la sobrenaturalidad del bautismo con el Espíritu Santo.

Este bautismo también es para ti. ¿Lo deseas?

PLENITUD O LLENURA
DEL ESPÍRITU SANTO

Lo que sucedió en Pentecostés con la llegada del Espíritu Santo fue tan revolucionario, que quienes estaban allí reunidos nunca volvieron a ser los mismos. Sin embargo, hay un hecho que es necesario mencionar para destacar la grandeza de la obra divina.

9.   Busca en tu Biblia los versículos citados a continuación y llena los espacios en blanco:

a. Hechos 2:4: _____ fueron _____ del Espíritu Santo...

b. Hechos 13:52: *Y los discípulos quedaron* _____ *de alegría y del* _____ _____.

Todos aquellos que reciben el bautismo con el Espíritu Santo son *llenos del Espíritu*, lo cual es sinónimo de experimentar la *plenitud del Espíritu*. El bautismo con el Espíritu Santo es la puerta de entrada para vivir en la llenura o plenitud del Espíritu. Esa plenitud incluye dos aspectos fundamentales para el discípulo: estar revestido del poder de Dios y equipado para permanecer bajo el gobierno del Señor.

Es vital tomar en cuenta que la plenitud o llenura del Espíritu Santo:

Se manifiesta en una vida de alabanza, adoración, acción de gracias y sumisión (ver Efesios 5:19-21).

Se evidencia en una vida de servicio y poder (ver Hechos 6:1-7).

Capacita al creyente para orar en el espíritu a través de otras lenguas (ver 1ª Corintios 14:15, 18; Judas 20-21).

Luego de haber profundizado sobre el tema del Espíritu Santo y su bautismo para todo aquel que cree, resume brevemente lo que has aprendido:

4. LIBERTAD ABSOLUTA:

LAS ATADURAS DEL OCULTISMO DESECHAS PARA SIEMPRE

Dios le había prometido a su pueblo Israel que lo sacaría de la esclavitud de Egipto, para introducirlo a una tierra de gran abundancia; esa tierra se llamaba Canaán. Israel era la única nación que el Señor había escogido para representarlo y mostrar a las demás naciones lo que significaba su gobierno directo sobre el ser humano. Esto implicaba que la relación entre Dios e Israel debía desarrollarse exclusivamente bajo principios divinos. Ellos habían sido elegidos por Dios para vivir y actuar de una manera diferente a las demás naciones.

1. Busca Deuteronomio 18:9-14 y llena los espacios en blanco para identificar cuáles eran las prácticas de las naciones paganas, que Israel no debía adoptar:

a. *Nadie entre los tuyos deberá* _____ *a su*

_____ *o* _____ *en el* _____.

b. *Ni practicar* _____, _____ *o*

_____.

c. *Ni hacer* _____, *servir de* _____

_____ *o* _____ *a los* _____.

Los israelitas eran guiados por el único Dios verdadero, y no debían contaminarse practicando las malas costumbres de esas naciones que adoraban a dioses falsos. Estas prácticas detestables eran la demostración de que esas naciones estaban bajo el gobierno de Satanás y su ejército.

SATANÁS Y SU OBRA

Algunas personas aseguran que el diablo no existe. Pero observando el mal que impera y crece en el mundo, es necesario preguntarse quién inspira y dirige el imperio de la maldad, si él no existe.

2. Basándote en Isaías 14:12-15, selecciona la frase que describe las intenciones del corazón de Lucero, por las cuales se convirtió en Satanás:

☐   a. Sana ambición de superación personal

☐   b. Ser igual a Dios para ocupar su lugar

Lucero era un querubín creado por Dios de manera magnífica, lleno de esplendor, belleza y perfección (ver Ezequiel 28:13-15). Un querubín, dentro del rango de huestes o batallones angelicales, tiene una posición privilegiada de autoridad, con la responsabilidad de proteger y defender.

Lucero, no conforme con su rango de querubín, se enorgulleció deseando ocupar el lugar de Dios y pretendió sentarse en su trono. Así se convirtió en Satanás. Su sed de ser Dios se confirmó cuando tentó a Jesús en el desierto y quiso que lo adorara (ver Lucas 4:6-8).

Es inconcebible que cualquier ser creado por Dios quiera ser igual o superior a Él. Sin embargo, Lucero manifestó su arrogancia y maldad cuando pretendió ocupar el lugar de Dios.

Otros ángeles cometieron el mismo pecado de Lucero y se unieron a él para conformar un ejército en contra de Dios y sus propósitos (ver Apocalipsis 12:7-9). Es importante que comprendas de qué manera está organizado este ejército diabólico.

3.   Busca Efesios 6:12 y descubre cómo se compone el ejército de Satanás, y escribe a continuación las palabras faltantes:

Porque nuestra lucha no es contra _____

_____ , sino contra _____ , contra

_____ , contra _____

que _____ este mundo de tinieblas, contra

_____ _____

en las _____ _____ .

4.   ¿Cómo se denomina a Satanás en Juan 12:31?

☐   a. Príncipe de este mundo

☐   b. Rey de las galaxias

5.   Según 1ª Juan 5:19, ¿cómo está el mundo?

☐   a. Bajo una profunda crisis

☐   b. Bajo el control del maligno

La Palabra afirma que el mundo entero está bajo el dominio y la influencia de Satanás. Por esta causa, todo ser humano que no se ha entregado a Cristo para ser liberado por Él, vive siguiendo los criterios de este mundo, seducido, atrapado y gobernado por el diablo.

Solo aquellos que fueron comprados por la sangre de Jesús y renuncian a seguir practicando las obras del diablo, son libres para vivir bajo el gobierno de Dios.

ORIGEN
DEL OCULTISMO

El término ocultismo viene de la palabra latina 'occultus', y se refiere a aquello que está escondido; da la idea de cosas misteriosas y secretas.

Las religiones antiguas tenían sus raíces en el ocultismo; se las llamaba religiones misteriosas debido a los ritos secretos que se llevaban a cabo cuando la gente se iniciaba en ellas. Se cree que Babilonia fue el lugar del nacimiento de estas religiones y tradiciones. El ser humano cree haber descubierto secretos escondidos, sin embargo, lo único que ha hecho es abrirle puertas al mundo del ocultismo.

CADENAS
DEL OCULTISMO

Ingenuamente o no, muchas personas se envuelven en prácticas que tienen sus raíces en el ocultismo. Este involucramiento en lo oculto, no solamente las afecta personal y familiarmente mientras viven, sino que repercute en sus generaciones futuras con consecuencias muy severas.

Adorar a otros dioses consiste en cualquier práctica de adoración que no sea dirigida a Jesucristo como Dios verdadero, lo cual es idolatría. Estas prácticas crean una cadena de maldición sobre aquellos que participan en ellas.

6. Lee Éxodo 20:1-5 y determina cuáles son las consecuencias de practicar la idolatría:

☐   a. El castigo que les corresponde a los padres se extiende a los hijos, nietos y bisnietos

☐   b. Dios pasa por alto el pecado porque sabe que es la consecuencia de la debilidad humana

7. Por la lectura de Isaías 44:9-20, ¿quién fabrica los ídolos y qué poder tienen para ayudar a las personas que los adoran?

☐   a. Los ídolos son fabricados por el ser humano y Dios les da poder cuando están dedicados a su servicio

☐   b. Los ídolos son fabricados por el ser humano y no tienen ningún poder en sí mismos

8. En el pasaje bíblico que se transcribe debajo, subraya el versículo que demuestra que el Señor no le habla al ser humano a través de figuras:

[15] El día en que el Señor habló con ustedes de en medio del fuego, en el monte Horeb, no vieron ninguna figura. Tengan, pues, mucho cuidado [16] de no caer en la perversión de hacer figuras que tengan forma de hombre o de mujer, [17] ni figuras de animales, aves, [18] reptiles o peces. [19] Y cuando miren al cielo y vean el sol, la luna, las estrellas y todos los astros, no caigan en la tentación de adorarlos, porque el Señor su Dios creó los astros para todos los pueblos del mundo.

Deuteronomio 4:15-19, DHH

9. Después de leer el pasaje bíblico que encontrarás a continuación, subraya la frase que da a entender quiénes reciben todo aquello que se ofrece a los ídolos:

> ¹⁹ *¿Qué es lo que trato de decir? ¿Que la comida ofrecida a ídolos tiene alguna importancia o que los ídolos son dioses verdaderos?* ²⁰ *No, de ninguna manera. Lo que digo es que esos sacrificios se ofrecen a los demonios, no a Dios. Y no quiero que ustedes tengan parte con los demonios.*
>
> 1ª Corintios 10:19-20, NTV

Ha quedado demostrado que los ídolos son objetos inanimados, fabricados por el ser humano, y que en sí mismos no tienen ningún poder para ayudar a aquellos que los adoran. Dios es bueno y siempre quiere el beneficio del ser humano; por lo tanto, cualquier prohibición suya es la manifestación de su bondad y no significa que Él es rígido o intolerante. Cuando el Señor ordena que nadie fabrique ninguna figura material para adorarla, está protegiendo al ser humano del engaño del diablo y sus demonios. Hoy existen ídolos con diferentes figuras en casi todas las religiones y sectas; los llaman fetiches, amuletos, estatuillas, talismanes, divinidades, vírgenes o santos, pero en realidad, todos son ídolos por igual.

Debemos recordar que el objetivo del diablo es ocupar el lugar de Dios, y siempre pretende recibir adoración como si él fuera el Dios verdadero. En su insaciable sed de adoración, el diablo se aprovecha de la ignorancia de las personas que desconocen la verdad acerca de los ídolos, y usa las figuras como "un escondite o una guarida" para ocultar a sus demonios. Por eso, cuando la Palabra expresa que todo lo que se brinda a una imagen se ofrece a los demonios, está afirmando que *detrás de cada ídolo hay un demonio*.

Es evidente que Dios jamás planeó hablarle o manifestarse al ser humano a través de figuras materiales. Aunque la gente cree que cuando adora imágenes está honrando a Dios, quien recibe la adoración es el mismo Satanás a través de sus demonios. Aun, en algunas oportunidades el diablo realiza milagros falsos y demostraciones mentirosas de poder, para que las personas crean que esas señales provienen de Dios y que son una muestra de su manifestación.

No cabe duda de que detrás de cada ídolo hay un demonio, el cual tiene una puerta de entrada en las vidas de aquellos que por diversas razones reemplazan a Dios por los ídolos. Lo que supuestamente es una bendición, en realidad, es una maldición que ata y destruye a las personas.

LA ATRACCIÓN DEL OCULTISMO

En esta era de grandes avances científicos y tecnológicos, es paradójico que haya más personas que se involucren en prácticas ocultistas. ¿Por qué ocurre este fenómeno?

Algunos de los factores que, entre otros, contribuyen a ello son:

- **La curiosidad:** El ocultismo encierra cierto misterio que atrapa a las personas por la curiosidad que despierta. Las prácticas ocultistas parecen inofensivas. La realidad es que en el mundo de las tinieblas no existe participación inofensiva; los perjuicios son graves.

✖ **Búsqueda de respuestas y soluciones concretas:** Todos nacemos con interrogantes existenciales que buscamos satisfacer. Por ello utilizamos diferentes caminos para encontrar respuestas a esos interrogantes, y soluciones a problemas específicos. El ocultismo se atribuye falsamente la facultad de tener respuestas y soluciones para toda situación, y así engaña a las personas.

✖ **Atractivo sobrenatural y mágico:** Uno de los atractivos del ocultismo es la fe visible. Lo que se puede ver y tocar parece más efectivo. Por otra parte, a la persona que se introduce en el mundo ocultista le hacen creer que nunca será culpable de nada; en todos los casos, alguien le hizo un trabajo o un daño para perjudicarla. Nunca debe arrepentirse de nada, nunca debe pedir perdón; la persona siempre es la víctima y quien le hizo el daño es el victimario. Lo sobrenatural y mágico consiste en seguir las instrucciones recibidas del guía espiritual para la solución de problemas y para andar un camino correcto.

PRÁCTICAS MÁS COMUNES DEL OCULTISMO

El señuelo que cautiva a las personas para entrar al ocultismo es el mismo que el diablo usó para engañar a Adán y Eva cuando les dijo: *"... y llegarán a **ser** como **Dios**, **conocedores** del bien y del mal"* (Génesis 3:5, énfasis añadido). Con esta mentira, el diablo atrapó al ser humano, haciéndole creer que ese conocimiento le otorgaría la capacidad de ser Dios. Engañado por esta idea perversa, el ser humano creyó tener poder para manipular, controlar y dominar. *El hombre creado para tener sed de Dios, en su corazón tiene sed de ser Dios.*

A continuación, se ofrece un listado de algunas prácticas del ocultismo, con el único objetivo de que el lector identifique si ha estado, o está involucrado en algunas de ellas. Este listado no pretende ser completo y mucho menos explicar detalladamente el significado de estas prácticas.

✘ **Idolatría:** Anteriormente se ha explicado este tema. En síntesis, consiste en rendir culto a cualquier deidad o figura que no sea el único Dios verdadero revelado en Jesucristo. La Escritura afirma: *"No te hagas ningún ídolo, ni nada que guarde semejanza con lo que hay arriba en el cielo, ni con lo que hay abajo en la tierra, ni con lo que hay en las aguas debajo de la tierra"* (Éxodo 20:4). Por esta razón, todo aquel que practica la idolatría, adora a los demonios.

✘ **Adivinación:** Es la práctica por la que se pretende conocer situaciones del pasado y del presente, como así también predecir el futuro utilizando medios ocultos. De la adivinación se derivan algunas de las siguientes prácticas: *astrología, bola de cristal, cábala, numerología, oniromancia, güija.*

✘ **Parapsicología:** Es una rama de la psicología que estudia los fenómenos de procedencia sobrenatural. Dentro de la parapsicología, existen diversas prácticas que son parte de lo que se conoce como la *percepción extrasensorial*, la cual significa la habilidad de adquirir información por medios diferentes a los sentidos conocidos. Algunas de estas prácticas son: *clariaudiencia, clarividencia, levitación, precognición, proyección astral, telequinesis y telepatía*. Otras prácticas similares son las *curaciones psíquicas*, la *hipnosis*, el *magnetismo* y la *sensación reencarnativa*.

Son también conocidas las prácticas de *magia negra* o *blanca*; la *hechicería*, que es acompañada de amuletos y brebajes; la *brujería* con sus conjuros, encantamientos y ensalmos; los fetiches, talismanes, hechizos, embrujos, limpias, la utilización de vasos de agua y pócimas.

SECTAS, RELIGIONES Y FILOSOFÍAS

Muchas de las sectas, religiones y filosofías que se mencionan a continuación, tienen el objetivo de que las personas encuentren a Dios a través de lo que ellas enseñan. Muchas otras, parecieran no perseguir este objetivo. Sin embargo, todas ellas suplantan, rechazan o ignoran a Jesucristo, e inclusive, algunas mezclan la fe en Jesucristo con otras prácticas ajenas y contrarias a lo establecido por Dios. Esto da como resultado un común denominador: quienes se involucran en estas prácticas, están dando lugar a que espíritus demoníacos influencien, guíen y gobiernen sus vidas. De las muchas sectas, religiones y filosofías existentes se pueden mencionar:

Animismo	Meditación trascendental
Artes marciales	Metafísica
Bahaísmo	Misticismo
Budismo	Mormonismo
Candomblé	Niños de Dios (La familia internacional)
Catolicismo romano	Nirvana
Chakras	Nueva Era
Cienciología	Quiromancia
Confucionismo	Reencarnación
Dianética	Rosacrucismo
Esoterismo	Santería
Espiritismo	Secta Moon
Gnosticismo	Sintoísmo
Hare Krishna	Tantra
Iglesia de la cienciología	Taoísmo
Iglesia de Satán	Tarot
Iglesia universal del reino de Dios	Teosofismo
Islamismo	Testigos de Jehová
Karma	Umbanda
Kundalini	Vudú
Macumba	Yoga
Masonería	

Desde hace siglos, Satanás trabaja para que los seres humanos procuren satisfacer su necesidad espiritual a través de diversas prácticas engañosas, para finalmente destruirlos.

DESHACIENDO LO OCULTO

10. Lee cuidadosamente 1ª Juan 3:8 y elige la frase que resume la enseñanza de este versículo:

☐ a. El que practica el pecado es del diablo y solo Jesucristo lo puede libertar, destruyendo las obras diabólicas en su vida

☐ b. El que practica el pecado es del diablo; sin embargo, Jesucristo vino a perdonar al diablo y sus obras

Es más que evidente que Jesucristo no vino a perdonar al diablo, porque este enemigo de Dios está condenado (ver Mateo 25:41). El Señor vino a este mundo para deshacer por completo las obras del diablo que esclavizan al ser humano. ¡Gloria a Dios! ¿No te parece maravillosa, excelente y admirable la obra de Jesús? Lo hizo por ti. Agradécelo de corazón.

A continuación, leerás algunos de los resultados de la obra de Jesucristo:

[13] Antes ustedes estaban espiritualmente muertos debido a sus pecados y al no tener la circuncisión en su cuerpo. Sin embargo junto con Cristo Dios les dio la vida porque nos perdonó generosamente todos los pecados. [14] Teníamos una deuda porque no cumplimos las leyes de Dios. La cuenta de cobro tenía todos los cargos contra nosotros,

> pero Dios nos perdonó la deuda y clavó la cuenta en la cruz.
> ¹⁵ Él venció a todos los poderes y fuerzas espirituales a través de la cruz,
> desarmándolos y obligándolos a desfilar derrotados ante el mundo.
>
> Colosenses 2:13-15, PDT

11. Llena los espacios en blanco de las frases que resumen la obra de Cristo a tu favor:

a. *Junto con Cristo Dios les dio la* _____ .

b. *Nos* _____ *generosamente* _____
los _____ .

c. *Dios nos* _____ *la* _____ *y*
_____ *la* _____ *en la* _____ .

d. *Él* _____ *a* _____ *los* _____ *y*
_____ _____ *a través de la cruz,*
_____ *y* _____
a desfilar _____ *ante el mundo.*

La obra que Jesús realizó en la cruz es tan efectiva, que todo aquel que se entrega a Él queda completamente libre de toda atadura del pasado y es hecho una nueva persona, a fin de vivir para Dios por el poder del Espíritu Santo.

Para apropiarse de lo realizado por Jesucristo, hay pasos importantes a seguir:

Arrepentirse

Renunciar

Reemplazar

Ser lleno del Espíritu Santo

Tú mismo comprobarás la importancia de estas acciones.

12. En el pasaje bíblico que se transcribe a continuación, subraya las frases que muestran la confesión y la acción específica de *arrepentirse* genuinamente:

> [18] *También muchos de los que creyeron llegaban confesando públicamente todo lo malo que antes habían hecho,* [19] *y muchos que habían practicado la brujería trajeron sus libros y los quemaron en presencia de todos. Cuando se calculó el precio de aquellos libros, resultó que valían como cincuenta mil monedas de plata.* [20] *Así el mensaje del Señor iba extendiéndose y demostrando su poder.*
> Hechos 19:18-20, DHH

Arrepentirse es experimentar un cambio de mente; una revolucionaria transformación en la manera de pensar, que produce un cambio de actitud. Por esa razón, el arrepentimiento es la llave que abre la puerta a los otros pasos que te permitirán experimentar la libertad completa, preparada por Jesucristo para ti.

13. Lee el siguiente pasaje bíblico y responde a qué cosas hay que *renunciar*:

> *11 Porque la gracia de Dios se ha manifestado para la salvación de todos los hombres, 12 y nos enseña que debemos renunciar a la impiedad y a los deseos mundanos, y vivir en esta época de manera sobria, justa y piadosa...*
>
> Tito 2:11-12, RVC

☐   a. A nada porque todo es lícito

☐   b. A la impiedad y a los deseos mundanos

La decisión de *renunciar* a toda clase de impiedad es crucial para comenzar a vivir victoriosamente en Cristo. La impiedad está caracterizada por un estilo de vida que no tiene en cuenta a Dios. La persona impía no busca tener comunión con Dios, por lo que no tiene interés de honrarlo y reverenciarlo. A causa de la impiedad, las personas son dominadas por los deseos de la naturaleza pecadora con la cual nacen y, además, muchas de ellas se involucran con el ocultismo.

A continuación, harás una tarea con base en el pasaje bíblico que se transcribe debajo:

> *22 Por eso, deben ustedes renunciar a su antigua manera de vivir y despojarse de lo que antes eran, ya que todo eso se ha corrompido, a causa de los deseos engañosos. 23 Deben renovarse*

espiritualmente en su manera de juzgar (en la actitud de la mente),
[24] *y revestirse de la nueva naturaleza, creada a imagen de Dios y que*
se distingue por una vida recta y pura, basada en la verdad.
Efesios 4:22-24, DHH, (texto añadido).

14. Debajo encontrarás dos frases de este pasaje que especifican las acciones que cada hijo de Dios debe realizar de manera práctica para *reemplazar* lo viejo por lo nuevo. Complétalas:

a. *Deben ustedes* _____ *a su* _____
manera de vivir y _____ *de lo que*

_____ _____ .

b. *Deben* _____ *espiritualmente en su manera de*
juzgar, y _____ *de la* _____

_____ *creada a imagen de Dios.*

Dios le dio al ser humano una extraordinaria provisión a través de la obra de Cristo. Por esa obra, el Señor quita la carga del pecado y cancela el pasado de quien se entrega a Él, haciéndolo una nueva persona al darle la misma naturaleza que Él posee. Esta acción sobrenatural del Señor capacita al creyente a realizar todo lo que Él le instruye. Por este motivo, tener la vida de Cristo no significa adoptar una actitud pasiva y conformista. Por el contrario, la vida de Cristo habilita al creyente para despojarse de todo lo viejo y revestirse de todo lo nuevo. Esto es sinónimo de *reemplazar*.

15. Según Efesios 5:18, determina cuál es la afirmación correcta:

☐ a. Ser lleno del Espíritu es una orden imposible de cumplir para el creyente, por causa de la debilidad de su carne

☐ b. Ser lleno del Espíritu es una orden que el creyente puede cumplir porque Cristo vive en él

Ser lleno del Espíritu es experimentar la realidad de que Él ocupa todo el ser interior del cristiano; por lo tanto, no quedan espacios vacíos por ocupar. Cuando algo está lleno, entonces, no le falta nada; quiere decir que está completo. De igual modo, cuando el creyente está lleno del Espíritu Santo, está completo en todo su ser.

El creyente debe vivir en el mundo lleno de la presencia de Dios. Para lograrlo, el Señor envió a su Espíritu a habitar en el creyente. Cuando esto ocurre, el Espíritu Santo ejerce su gobierno sobre el espíritu humano. Ese gobierno hace posible que el creyente tenga dominio sobre su alma y su cuerpo, para hacer la voluntad de Dios de manera natural.

REFLEXIONANDO

Por todo lo que has estudiado, habrás llegado a la conclusión de lo peligroso, grave y destructivo que es involucrarse con las obras de las tinieblas y practicarlas. Al mismo tiempo, aprendiste el camino a seguir para ser completamente libre.

¿Has estado involucrado en una o más de estas prácticas?
SÍ ☐   NO ☐

¿Estás convencido de que Cristo es el único que te puede liberar?
SÍ ☐   NO ☐

Si has participado en algunas de las actividades del ocultismo, recuerda que Jesucristo vino a este mundo para destruir las obras del diablo. El Señor llegó a tu vida para hacerte completamente libre. Cuando te arrepientes y renuncias a estas prácticas, permites que Jesucristo actúe para destruir toda influencia y atadura diabólica sobre tu vida, a fin de que experimentes la libertad que solo Él puede dar (ver Juan 8:36).

LIBERACIÓN INTEGRAL

La obra liberadora de Jesús hacia el ser humano es integral, ya que abarca espíritu, alma y cuerpo. El Señor se entregó por completo para poder brindar sanidad, liberación y salud a la totalidad del ser humano.

En el siguiente pasaje bíblico se mencionan dos acciones necesarias, de las cuales derivan dos resultados concretos que conducen a experimentar y mantener la liberación integral. Lee el pasaje a continuación:

[31] Entonces Jesús dijo a los judíos que habían creído en él: Si ustedes
permanecen en mi palabra, serán verdaderamente mis discípulos;
[32] y conocerán la verdad, y la verdad los hará libres.

Juan 8:31-32, RVC

16. Escribe cada acción y su resultado correspondiente:

a. *Si ustedes* _____ *en mi palabra, serán*
_____ *mis* _____.

b. *Y* _____ *la* _____, *y la verdad*
los _____ _____.

La acción de *permanecer en la palabra del Señor* incluye la idea de perseverar y estar continuamente en comunión con Jesús. El resultado es ser considerado un *discípulo de Jesús.*

La acción de *conocer la verdad* no está referida al conocimiento intelectual de la doctrina del Señor, sino a conocer a Jesucristo de manera íntima y profunda, porque Él es la verdad. El resultado es ser *libres* auténticamente.

La Palabra de Dios afirma: *"Cristo nos dio libertad para que seamos libres. Por lo tanto, manténganse ustedes firmes en esa libertad y no se sometan otra vez al yugo de la esclavitud"* (Gálatas 5:1, DHH).

17. Según la verdad expresada en este versículo, ¿cuál es la responsabilidad del cristiano, con relación a la libertad en Cristo?

☐ a. Esforzarse por recibir esa libertad

☐ b. Mantenerse firme en esa libertad

El cristiano posee la libertad de Cristo desde el momento en que se entregó a Él por fe. Debido a que la posee, no necesita hacer ningún esfuerzo para recibirla o experimentarla. El cristiano que vive lleno del Espíritu Santo es consciente de la libertad que Cristo le concedió y quiere agradarlo en todo; por esa razón, se mantiene firme en ella y la disfruta de manera natural.

¡Da gloria, honra y alabanza al Señor que lo hizo todo por ti, para que vivas libre, integralmente!

¿CÓMO MANTENER LA LIBERTAD?

Por haber conocido y experimentado la obra completa de Jesucristo a tu favor, pudiste renunciar a las prácticas del ocultismo, por lo tanto, eres libre. Ahora necesitas saber cómo retener lo que recibiste.

- Vive continuamente lleno del Espíritu Santo, a fin de que no le des lugar al diablo y no encuentre un terreno legal donde operar (ver Efesios 4:27, 5:18).

- Vístete de toda la armadura de Dios y úsala con autoridad (ver Efesios 6:10-17).

En sentido práctico, es importante que rompas, quemes y destruyas cualquier elemento que utilizaste cuando estuviste involucrado en el ocultismo (libros, amuletos, imágenes, fetiches, cartas, velas, oraciones o invocaciones escritas y cosas similares). Recuerda que todos estos elementos están puestos al servicio de Satanás.

Llevar a cabo todo lo anterior, es la manera de mantenerte en una fe segura que te hará vivir en la victoria del Señor cada día.

5. SALUD DEL ALMA:

UNA SALUD QUE SE RECIBE SIN TERAPIAS

Tener salud es disfrutar de un estado permanente de bienestar en todo el ser, espíritu, alma y cuerpo.

Jesucristo puso a disposición del ser humano la salud integral que consiguió a través de su obra, cuando venció al diablo, al pecado y a toda enfermedad.

A partir de ahora, nos dedicaremos a analizar la salud que el ser humano puede recibir en su alma, gracias a Cristo y su obra. Hablar del alma es referirse a la mente, la voluntad, los sentimientos y las emociones de un individuo.

EL ORIGEN
DE LAS HERIDAS

El alma de una persona puede estar enferma por diversas razones. En términos generales, el motivo de las enfermedades del alma es de origen espiritual. Cuando alguien sufre alguna clase de experiencia traumática comienza un proceso destructivo que lo desequilibra y enferma su alma.

Lee el pasaje citado a continuación y luego responde.

*Mi corazón está herido, y seco como la hierba,
por lo cual me olvido de comer mi pan.*
Salmo 102:4, RVR1960

1.   ¿Cómo estaba el corazón del salmista? Elige las palabras correctas:

☐   a. Alegre

☐   b. Herido

☐   c. Enojado

☐   d. Seco

Como habrás observado, el salmista estaba herido en su corazón. Como consecuencia de ello, había perdido el apetito. Una conclusión evidente es que cuando el alma está afectada, repercute en el resto del ser.

Hay heridas que se producen en un individuo antes de nacer, como ser:

- ✗ Que su madre haya tenido un intento de aborto.

- ✗ Que su nacimiento no haya sido deseado ya sea porque el embarazo no estaba programado, porque la mujer sufrió una violación o por alguna otra causa.

- ✗ Por no ser del sexo que uno o ambos padres deseaban.

Estas heridas se originan por el *rechazo*, siendo este uno de los peores enemigos de un individuo.

Otras heridas se producen en la niñez o juventud, limitando o coartando el desarrollo emocional normal de una persona. Algunos ejemplos:

- ✗ Palabras hirientes y agresivas por parte de los padres u otros adultos, que causaron crisis de identidad y desvalorización.

- ✗ Violaciones de todo tipo: verbales, psicológicas, sexuales, y otras.

- ✗ Separación o divorcio de los padres.

- ✗ Muerte repentina de los padres o de un ser muy allegado.

También se pueden producir heridas por malas relaciones familiares, laborales o de cualquier índole. Los círculos sociales o religiosos en que nos movemos también pueden causarnos heridas serias.

Es importante destacar que *cuando a una edad determinada se produce una herida en el alma, el crecimiento físico y cronológico continúa, pero el crecimiento emocional se detiene en el momento de la herida.*

Las personas que han sido heridas en su alma experimentan algunos sentimientos destructivos como odio, resentimiento, amargura, deseos de venganza y otros similares, con consecuencias devastadoras que las mantienen atadas y enfermas.

CÓMO SE PRODUCE LA SANIDAD

2. Lee Lucas 4:18-19 y completa las frases que describen lo que vino a hacer Jesucristo por los seres humanos:

   a. *Me ha ungido para _____ _____ _____ a los pobres.*

   b. *Proclamar _____ a los _____.*

   c. *Dar vista a los _____.*

   d. *Poner en _____ a los _____.*

   e. *Pregonar el _____ _____ _____ del Señor.*

Continúa conociendo acerca de la obra que Jesús realizó a favor de la humanidad, leyendo Isaías 53:4-5.

3. Conforme a lo que leíste, señala las frases correctas que identifican una parte sustancial de la obra de Jesús:

☐   a. Cargó nuestras enfermedades

☐   b. Soportó nuestros dolores

☐   c. Sufrió enfermedad y dolor por sus propios pecados

☐   d. Fue traspasado por nuestras rebeliones

☐   e. Fue molido por nuestras iniquidades

☐   f. Fue herido por los judíos

☐   g. Sobre Él recayó el castigo, pagó el precio de nuestra paz

☐   h. De igual manera que Él fue herido, nosotros debemos ser heridos

☐   i. Por sus heridas fuimos sanados

Hay una base única y suficiente para vivir libres, ser sanados y disfrutar de plena salud: el sufrimiento que Jesús experimentó en la cruz a nuestro favor. Esa obra produjo un bendito intercambio que reemplazó la enfermedad por la salud, la esclavitud por la libertad, y la maldición por la bendición.

EL PERDÓN
ES LA CLAVE

Analiza los siguientes pasajes bíblicos, y selecciona la respuesta correcta en cada caso.

4.   Mateo 6:12, 14-15:

☐   a. Perdonar a otros es la base para que Dios nos perdone a nosotros, porque de no hacerlo, Él no nos puede perdonar

☐   b. Aunque no perdonemos a otros, Dios siempre nos perdona en todos los casos, porque Él es bueno

5.   Mateo 18:21-35:

☐   a. Debemos perdonar a otros la primera vez que nos hayan ofendido. Si repiten la misma ofensa, Dios nunca nos exigirá que los perdonemos nuevamente

☐   b. Debemos perdonar a otros todas las veces que nos ofendan. Si no perdonamos, Dios hará con nosotros de igual manera que nosotros hagamos con los demás

6.   Colosenses 3:13:

☐   a. Debemos perdonar a los otros de la misma manera que Cristo nos perdonó a nosotros

☐   b. Debemos perdonar a los otros, solo si lo sentimos de corazón, ya que nosotros no somos Jesucristo

Perdonar es soltar, dejar ir libre, cancelar toda deuda. El perdón al que Dios se refiere y nos ordena practicar, no tiene nada que ver con el perdón que los seres humanos brindan, según su propio entendimiento.

La Palabra establece que el verdadero perdón tiene la misma esencia del perdón que Dios otorga. Siendo así, cuando perdonamos debemos hacerlo del mismo modo que Cristo nos perdonó a nosotros. Por haber recibido la vida de Cristo, cada hijo de Dios posee el poder sobrenatural de perdonar a los demás como Cristo lo perdonó a él. Esta verdad descarta por completo la falsa idea de que el perdón es un asunto de sentimientos, y que solo se puede perdonar si se siente hacerlo. En síntesis, *el perdón es una decisión*.

Ante lo expuesto, es probable que te estés preguntando... ¿de qué manera perdona Dios? Obsérvalo por ti mismo a través de los siguientes pasajes bíblicos.

> ... *Y yo perdonaré su maldad, y no volveré*
> *a acordarme de su pecado.*
> Jeremías 31:34b, RVC

Tú volverás a tener misericordia de nosotros, sepultarás nuestras iniquidades, y arrojarás al mar profundo todos nuestros pecados.
Miqueas 7:19, RVC

[13] ... ustedes estaban muertos en sus pecados. Sin embargo, Dios nos dio vida en unión con Cristo, al perdonarnos todos los pecados [14] y anular la deuda que teníamos pendiente por los requisitos de la ley. Él anuló esa deuda que nos era adversa, clavándola en la cruz.
Colosenses 2:13b-14

En todo lo que acabas de leer, has podido comprender que la dimensión del perdón que Dios brinda y nos ordena practicar, no tiene nada que ver con el concepto humano del perdón.

Has visto las características del perdón de Dios:

No se acuerda más de los pecados.

Sepulta nuestros pecados.

Arroja nuestros pecados al mar profundo.

Perdona todos nuestros pecados y anula la deuda que teníamos con Él, por no obedecer los mandamientos establecidos en su ley.

A la luz de todo lo que has comprobado, llegas a una conclusión sencilla y contundente: *si tú perdonas a quienes te hirieron y dañaron, así como Dios te perdonó a ti, quedarás libre y sano.*

Perdonar como Dios perdona significa no volver a recordar lo ocurrido y dejarlo en el pasado. Según esta realidad, ya no hay lugar para revolver en el "basurero de los recuerdos" buscando encontrar las viejas acciones perversas que te hirieron y que se han cancelado a través del perdón que concediste.

Pueden surgir algunas inquietudes en tu mente acerca de cómo perdonar de la misma manera que Dios lo hace; por ejemplo:

✘   ¿Debo perdonar a una persona que rechaza mi perdón?

✘   ¿Debo volver a perdonar cuando la persona a la que perdoné me vuelve a herir una y otra vez?

✘   ¿Puedo perdonar a una persona que me hirió, aunque esté muerta?

✘   ¿Puedo ser cristiano y mantener una actitud de falta de perdón?

Si la persona que te ofendió rechaza tu perdón, sigue cometiendo las mismas ofensas contra ti o ya murió, eso no determina tu manera de actuar. Cuando tú perdonas, Dios toma en cuenta el perdón que das y considera que la situación que viviste es un caso cerrado.

Por otra parte, cuando existe falta de perdón en una persona, nace una profunda amargura que se arraiga en su interior y crece con el tiempo. Sumado a esto, la falta de perdón abre la puerta al diablo y a sus espíritus, los cuales se atribuyen el derecho legal de atormentar a la persona que no perdona para destruirla.

Si bien los creyentes reconocen que Dios los ha perdonado, tienen serias dificultades para aplicar esa misma clase de perdón hacia las personas que los hirieron. El origen del problema es sencillo de entender: cuando es necesario perdonar a otros, ponemos en primer lugar la gravedad de lo que nos hicieron, en vez de anteponer la magnitud del perdón que Dios nos dio por nuestras ofensas hacia Él.

Si recordáramos que antes de entregarnos a Cristo éramos los primeros y más grandes de todos los pecadores, y pesáramos la gravedad de nuestros pecados contra Dios, reconoceríamos cuánto Él nos perdonó. Como resultado, jamás consideraríamos tan grande o imperdonable el daño que los otros nos causaron, sintiendo que es imposible de perdonar.

Es evidente que la salud del alma es algo que se *recibe a través de Cristo* y no se puede lograr por medios humanos. Existen terapias, recursos médicos y ciertas filosofías que aseguran dar una solución definitiva a los problemas del alma, pero todos ellos son insuficientes porque, aunque puedan controlar los conflictos del alma, no tienen el poder de sanar a las personas. La única manera efectiva de experimentar la salud del alma es *perdonar como Cristo te perdonó*.

6. LA IGLESIA:

UN CUERPO INCOMPARABLE

Para introducirte a este tema, necesitas descubrir una verdad fundamental que se aplica a todos los creyentes, sin distinción: *"... hemos recibido el bautismo en un solo Espíritu, a fin de formar un solo cuerpo..."* (1ª Corintios 12:13a, BLPH).

1. ¿Con qué propósito todos los creyentes *"... hemos recibido el bautismo en un solo Espíritu..."*?

   ☐   a. Para sentirnos seguros

   ☐   b. Para formar un solo cuerpo

El Señor diseñó un plan muy especial para unir a todos aquellos que creyeran en Él. Este plan no se vería afectado por la condición racial, social o cultural de ninguno de ellos. Por el contrario, aunque fueran muy diferentes entre sí, serían unidos íntima y espiritualmente al recibir el bautismo en un solo Espíritu. De esta manera, todos sus hijos quedarían integrados a un solo cuerpo, la Iglesia de Cristo.

2. Señala qué es para ti la Iglesia:

☐ a. Un templo

☐ b. Un edificio donde se reúnen personas que tienen en común las mismas creencias religiosas

☐ c. El conjunto de todos los hijos de Dios en el mundo entero

Pueden existir muchas ideas distintas acerca de la Iglesia, pero para saber la verdad acerca de ella, es necesario conocer lo que Dios dice. Él afirma que la Iglesia está compuesta por todos los hombres y las mujeres que han nacido de nuevo por la obra de Cristo, y están unidos entre sí por la misma naturaleza espiritual. Su punto de unión no es la raza, el idioma, la familiaridad, la cultura o la simpatía; la esencia que los une es la vida de Cristo.

3. A la luz de Efesios 1:22-23 y 5:23, completa las siguientes oraciones:

a. Cristo es la _____ de la Iglesia.

b. La Iglesia es el _____ de Cristo.

Así como el cuerpo humano tiene muchos miembros que cumplen una función específica, de igual modo sucede con la Iglesia. La particularidad de la Iglesia es que sus miembros no son órganos físicos, sino personas. Pero no cualquier persona puede ser miembro de este cuerpo llamado Iglesia, sino únicamente los que han sido hechos hijos de Dios por la fe.

Cada miembro tiene una función concreta que Dios le asignó, y para desarrollarla adecuadamente, debe sujetarse a una cabeza. Esta cabeza es Jesucristo.

EL VALOR
DE UNA ENTREGA

4.   Según lo registrado en Mateo 16:18, ¿de quién es la Iglesia?

☐   a. De Pedro

☐   b. De las organizaciones religiosas

☐   c. De Jesucristo

☐   d. De los dirigentes que la gobiernan

La declaración *mi iglesia*, pronunciada por Jesucristo, es categórica, indiscutible y concluyente. Estas dos palabras expresan un sentido de posesión, afirmando que la Iglesia es de exclusiva propiedad de Jesucristo.

5.   Lee Efesios 5:25b, y completa los espacios en blanco:

a. Cristo _____ a la Iglesia.

b. Se _____ por ella.

La Iglesia es propiedad de Jesucristo, porque Él y solo Él se entregó por ella, pagando con su sangre el precio para comprarla. ¿Por qué el Señor pagó semejante precio? Porque solamente así podría transformar a individuos dedicados a sus propios intereses y aislados entre sí, en personas que vivieran para los intereses divinos, y se integraran a su cuerpo como miembros.

Es bien sabido que Jesús murió por toda la humanidad (ver Romanos 5:8), pero es muy notable que la Palabra resalte el hecho de que se entregó por la Iglesia. ¡Qué grandeza contiene la obra de Cristo! No existen palabras que puedan describir el valor que la Iglesia tiene para Jesucristo.

EL FUNCIONAMIENTO EN EL CUERPO

6.   El Señor estableció un orden de funcionamiento en su cuerpo, que es necesario comprender. Para ello, lee 1ª Corintios 11:3 y Efesios 1:22 y responde:

a. Dios es la _____ de _____.

b. Cristo es la _____ de la _____.

7. Según Efesios 4:10-12, ¿qué hizo Cristo una vez que ascendió al cielo?

Cristo _____ a personas con las funciones
ministeriales de: _____,
_____, _____,
_____ y _____.

Donde hay orden, todo funciona adecuadamente. Para que la Iglesia funcione según el diseño de Dios, el orden está claramente establecido: Dios es cabeza de Cristo y Cristo es cabeza de la Iglesia.

Con el propósito de edificar a su Iglesia, el Señor establece a personas que Él elige para desarrollar cinco ministerios específicos, a fin de servirla y dirigirla por la guía del Espíritu Santo. Esta delegación tiene la finalidad de que el cuerpo de Cristo sea capacitado y entrenado convenientemente.

8. Lee cuidadosamente 1ª Corintios 12:12-27. Luego completa las oraciones que contienen las enseñanzas fundamentales del pasaje.

a. Versículo 14: El cuerpo está compuesto de muchos
_____.

b. Versículo 18: La colocación de los miembros en el cuerpo es tarea de _____.

c. Versículo 27: Todos los creyentes forman el _____ de Cristo, y a la vez cada uno es _____ del mismo.

El versículo 27 en la versión de la Biblia Reina Valera Contemporánea expresa: *"Ahora bien, ustedes son el cuerpo de Cristo, y cada uno de ustedes es un miembro con una función particular".*

Nunca debes pensar que Dios te colocó en un cuerpo que tiene muchos miembros para ser "uno más del montón". En realidad, cada miembro es *particular* para Dios; por esa razón, Él se interesa por ti y por cada uno de los demás miembros del cuerpo de Cristo de igual manera. Este es el motivo por el cual Dios, en su sabiduría, se ocupa en colocar a los miembros dentro del cuerpo como Él quiere. Siendo así, no hay razones para que los miembros se sientan disminuidos, comparados o sobredimensionados con respecto a los demás. Cuando cada uno de los miembros ocupa su lugar y aprende a vivir en sincera unidad con los demás miembros, se manifiesta un cuerpo sano y estable.

DIFERENTES FUNCIONES, UN MISMO PROPÓSITO

Si existe un cuerpo y hay diferentes miembros en él, entonces tiene que haber una actividad propia para cada uno de los miembros. Si cada miembro reconoce su función y se ajusta a ella, entonces habrá un adecuado funcionamiento del cuerpo en su totalidad.

Si lees Romanos 12:3-6, encontrarás la base para el desarrollo de los miembros y su función dentro del cuerpo.

9.   Según el versículo 3, ¿cuál es la primera actitud necesaria de los miembros para que puedan funcionar debidamente?

☐   a. Confiar en las habilidades personales

☐   b. Humildad, fe y moderación

☐   c. Esperar que se caigan bien

10. El cuerpo tiene muchos _____, pero no todos los miembros tienen la misma _____.

11. Debido a que los miembros no tienen la misma función, cada uno de ellos ha recibido diferentes _____.

12. El propósito de los dones dados a cada miembro es:

☐   a. Que cada uno se exprese como le parezca

☐   b. Que ninguno se sienta menos

☐   c. Que cada uno cumpla su función

Cuando el Señor pensó en el cuerpo, no solo se ocupó de que fuera un grupo de personas salvas, redimidas y con derecho al cielo. Él estaba planeando que la Iglesia lo representara dignamente, y equipó a los miembros del cuerpo con todo lo necesario, para que cada uno de ellos pudiera funcionar correctamente. Precisamente, ese es el propósito de los dones que el Señor da, que cada miembro ocupe su lugar y se conjunte con los demás, para que todos en perfecta unidad, integren el cuerpo que manifiesta a Cristo. Para que esto se lleve a cabo, es imprescindible una actitud de humildad, fe y moderación, entendiendo que en el cuerpo no hay categorías ni preferencias.

¡Qué irremplazable es la tarea de cada miembro en particular! Solo por la actividad propia de cada uno de ellos, la Iglesia en su conjunto puede cumplir el propósito de mostrar a Cristo en el mundo.

7. LAS FINANZAS EN EL REINO:

RECURSOS DIVINOS EN MANOS HUMANAS

Dios es el dueño de todo lo creado y ha decidido dar recursos a los seres humanos para que los administren y no para que se adueñen de ellos. Siendo así, la responsabilidad de cada individuo como administrador es tener en mente que Dios es el propietario. Lo que ocurre habitualmente, es que varones y mujeres se adueñan de todo lo que llega a sus manos, lo administran según sus propios criterios y Dios no tiene ninguna injerencia en el manejo de esos recursos.

Ahora bien, hay diferencia entre la generalidad de los seres humanos y los hijos de Dios, cuando se trata de administrar recursos. Mientras una persona sin Cristo administra como le parece, todo hijo de Dios es enseñado por el Espíritu Santo para ser un buen administrador y desarrollar esa labor eficazmente. Como resultado de lo aprendido, se alegra de vivir bajo los principios que su Señor ha establecido, demostrando así que le ama y que como hijo tiene el privilegio de sujetarse al Padre Dios y a su gobierno.

Uno de los principios que el administrador según Dios aprende, es que una parte de todo lo que recibe se lo debe entregar al Señor, porque está consagrado a Él. Más adelante, aprenderás acerca de los principios establecidos por el Señor de lo que es exclusivamente suyo.

Existe un ejemplo perfecto que muestra a un administrador que practicó estos principios, por ser sensible al Espíritu del Señor y dejarse enseñar por Él. A continuación, lee lo que sucedió con Abram.

1. Según lo expresado en Génesis 14:14-20, ¿qué hizo Abram cuando se encontró con Melquisedec?

☐ a. Le pidió dinero

☐ b. Le entregó el diezmo de todo

☐ c. Le pidió que orara por él

Cuando Abram se encontró con el sumo sacerdote Melquisedec, le dio el diezmo de todos los bienes que recuperó. Cabe preguntar, ¿quién le enseñó a Abram que debía realizar esa entrega? Para responder adecuadamente, debes saber que en esa época no existía lo que hoy se conoce como la Biblia, ni siquiera la ley de

Dios. Tampoco Abram disponía de un material de enseñanza como el que tienes en tus manos, para aprender los principios de Dios en cuanto a los recursos que están consagrados a Él. Sin embargo, el hecho de que Abram no leyera ni escuchara una información específica acerca de esos principios, no fue un obstáculo, porque su acción de dar fue el resultado de conocer espiritualmente esos principios que Dios mismo le enseñó.

Una persona puede investigar, profundizar y aprender detalladamente todas las verdades acerca de los recursos que están consagrados al Señor. Sin embargo, el ejemplo de Abram demuestra que la práctica de esos principios no resulta del conocimiento adquirido, sino de ser sensible a la enseñanza que proviene del mismo Señor.

EL DIEZMO

Para comenzar con el tema del diezmo, primero necesitas saber su significado más básico.

Descubrirás por ti mismo el significado del diezmo, leyendo Lucas 18:12 y comparándolo en dos versiones distintas de la Biblia que se transcriben debajo:

... doy diezmos de todo lo que gano (RVR1960).

... doy la décima parte de todo lo que gano (RVC).

2.   De acuerdo con tu observación del texto bíblico, diezmo significa:

☐   a. La décima parte

☐   b. Cualquier cantidad

En el versículo que acabas de leer notaste que la décima parte se entrega de algo específico que primero se recibió. Refuerza este concepto leyendo el pasaje bíblico a continuación:

En cuanto los israelitas se enteraron de la petición del rey, dieron en abundancia de lo mejor que tenían: de su cosecha de trigo, vino, aceite y miel, y de todo lo que habían recogido de sus campos. También entregaron la décima parte de todo lo que tenían, que resultó ser una gran cantidad de cosas.
2° Crónicas 31:5, TLA

3.   ¿De cuánto de lo recibido se entrega la décima parte?

☐   a. De lo que queda después de descontar los gastos fijos

☐   b. De todo lo recibido

4. Escribe debajo las respuestas correctas de las preguntas 2 y 3 para tener la definición del diezmo:

_____

¡Muy bien respondido! *El diezmo es la décima parte de todo lo recibido.*
Puede parecer que el Señor es muy exigente al ordenarte dar el diezmo de todo, porque debes dar demasiado. Piensa por un momento... si consideras que ese 10% es demasiado, significa entonces que el Señor te ha dado demasiado y que eres un privilegiado que tiene demasiado para dar.
Se le entrega al Señor la décima parte de *todo*, porque *todo* viene de Él.

El pasaje de Deuteronomio 14:23 se refiere al diezmo que cada familia israelita llevaba a Jerusalén para celebrar una fiesta especial, en la que todos juntos comían delante del Señor en señal de alegría:

5. Según lo expresado en ese versículo, ¿para qué sirve el diezmo?

El diezmo sirve para _____ a _____
siempre al Señor.

La versión de la Biblia llamada *Biblia al Día*, traduce la frase final del versículo de la siguiente manera: *"El propósito de los diezmos es que aprendas a poner a Dios siempre en el primer lugar de tu vida".*

El temor a Dios conlleva una honra reverente hacia Él, de manera que la persona que diezma reconoce que *el primer lugar en su vida* le corresponde al Señor, y se somete a su autoridad por amor.

LAS OFRENDAS

Las ofrendas son tan importantes para Dios como el diezmo. Sin embargo, no se ajustan a un porcentaje fijo establecido por Dios, como ocurre con el diezmo. Por esa razón, cada ofrenda es una entrega voluntaria que tiene como medida la generosidad del corazón de quien ofrenda.

También es importante tener en cuenta que no se debe pensar que el diezmo y las ofrendas son una misma cosa, ni creer que una parte del diezmo se puede considerar ofrenda. Las ofrendas están separadas del diezmo. Una vez que se aparta el diezmo de toda la provisión que Dios da, se escoge una porción de la cantidad restante, como ofrenda.

6. Observa el pasaje bíblico a continuación y luego completa la oración:

Recojan entre ustedes una ofrenda para el Señor. Todo corazón generoso presentará al Señor oro, plata, bronce...
Éxodo 35:5, RVC

La ofrenda al Señor sería entregada por quienes tuvieran un

_____   _____

7. Lee Malaquías 3:8 y llena los espacios en blanco:

El pueblo de Israel le había robado a Dios en _____
y en _____.

Por tus respuestas has observado dos actitudes opuestas con relación a las ofrendas. Por un lado, la entrega de ofrendas al Señor nace de la generosidad de corazón; por el otro, robarle al Señor las ofrendas es una ofensa grave. Ambas acciones, aunque son contrarias, certifican que las ofrendas son muy importantes para Dios.
Es evidente que las ofrendas forman parte de lo consagrado al Señor, porque de no ser así, Dios no podría llamar ladrones a aquellos que no se las entregan debidamente.
La ofrenda voluntaria es lo único que manifiesta la generosidad de manera práctica, porque no responde a un porcentaje determinado por el Señor, sino que es una demostración de nuestro profundo amor a Él y de agradecimiento por su provisión para nosotros.

Existe otro principio que tiene que ver con la generosidad de quien ofrenda con entendimiento, expresado en Lucas 6:38.

8. Si tuvieras que comparar las palabras *"den y se les dará"* con una ley, ¿cuál sería?

☐ a. La ley de la siembra y la cosecha

☐ b. La ley del egoísmo personal

☐ c. La ley del trueque con Dios

9. La medida de la cosecha que Dios da es:

☐ a. Considerable

☐ b. Desbordante

☐ c. Necesaria

Cuando se siembra una semilla en un campo, se espera recibir la cosecha correspondiente en el tiempo oportuno. Muchas de las cosas que los seres humanos hacemos se asemejan a semillas que se siembran, las cuales, con el paso del tiempo, darán una cosecha específica. Con esta misma idea, se puede entender la ofrenda como una semilla que se siembra.

La buena tierra tiene la facultad de hacer fructificar y multiplicar la semilla que se sembró en ella. Ahora bien, si siembras una semilla, obtendrás una planta; si siembras dos semillas, habrá dos plantas, y así sucesivamente.

Si hiciéramos una analogía, podríamos decir que Dios es como la buena tierra que espera recibir las ofrendas de sus hijos, como semillas que Él hará fructificar. Sin embargo, Dios no da cosechas en la misma medida que lo hace la tierra fértil. La cosecha que Dios da siempre es sobreabundante y desbordante.

10. Un pasaje muy esclarecedor acerca del propósito de las ofrendas es el de 2ª Corintios 9:8 y 11. Búscalo y léelo para responder.

a. Dios puede hacer que en toda circunstancia tengamos lo
_____, y además podamos _____ en
toda _____ _____.

b. El propósito de Dios es que sus hijos estén
_____ en todo, para ser siempre
_____.

Algunos cristianos piensan que darle más a Dios significa tener menos para ellos. Hay otros que tratan de darle más, aun sin tener las posibilidades, con el objetivo de enriquecerse para beneficio personal.

Quien considera que al darle más a Dios se queda con menos, está regido por un pensamiento mezquino y estrecho. Por otra parte, quien intenta dar cada vez más porque busca solamente enriquecerse, está dominado por un pensamiento egoísta y avaro. Ambos pensamientos son injustos y pecaminosos.

El primer concepto hace aparecer a Dios como un Padre egoísta y cruel que no desea ver a sus hijos prosperados en todo. El segundo, muestra a Dios como un negociante que solo está esperando "las ofrendas grandes". ¡Cualquiera de estas ideas es errada y está muy lejos de la verdad!

El deseo del Señor es multiplicar desbordantemente las ofrendas de sus hijos para que ellos estén enriquecidos en todo, y puedan ser generosos en dar para toda clase de buenas obras. No se trata de una prosperidad egoísta que quiere más para gastarlo en sus propios proyectos de vida, sino de una prosperidad desprendida que quiere más, para poder sembrar ampliamente en los proyectos de Dios.

LAS PRIMICIAS

Las primicias también son ofrendas a Dios. Su particularidad es que se trata de una clase especial de ofrenda, compuesta por los primeros y mejores frutos de toda la cosecha.

En Números 18:12-13 se detalla que los israelitas debían entregar sus primicias de *"... todo lo más escogido..."* y *"... de todas las cosas de la tierra..."* (RVR1960).

11. Con base en lo que acabas de leer, escoge la frase que resume de qué se componen las primicias:

☐ a. De algunas cosas que cada persona decide a su antojo

☐ b. De lo mejor de todo lo que se recibe

Por la lectura comprobaste que las primicias siempre se integraban de *todo lo más escogido y de todas las cosas*, incluyendo frutos, animales y personas (ver Nehemías 10:35-37). De este modo, se da a entender que todo se había escogido minuciosamente, con el propósito de entregarle al Señor una ofrenda de excelente calidad.

Por la lectura de Proverbios 3:9-10, verás cómo responde Dios a quien le da primicias.

12. Aquel que honra al Señor con sus bienes y le entrega primicias de todo es merecedor de:

☐ a. La sobreabundancia de parte de Dios

☐ b. La satisfacción de ser un hijo favorito de Dios

☐ c. El reconocimiento de las autoridades de la iglesia

Ezequiel 44:30 expresa el maravilloso resultado de dar primicias.

13. A través de las primicias, Dios permite que su

_____   _____

en los hogares.

Quien presenta primicias demuestra que se tomó el tiempo de escoger para el Señor lo primero y lo mejor de todo lo que ha recibido. Es una persona entregada y dedicada al Señor, que a través de la primicia manifiesta su amor, sumisión, dependencia y agradecimiento por todo lo recibido de su mano.

La Palabra siempre refleja la actitud generosa y abundante del Señor en retribución a quienes le dan a Él con entendimiento, sencillez y alegría.

Los que practican el dar primicias saben que todo depende de la bendición del Señor en sus vidas; una bendición que, según la revelación del Nuevo Pacto, no son cosas, sino Cristo y su abundante presencia fluyendo de manera constante en ellos.

LAS LIMOSNAS

La Palabra enseña acerca de ayudar a los pobres y desamparados de manera práctica y concreta, para demostrar así la misericordia del Señor. Estas acciones son definidas como *limosnas*. Si bien forman parte de aquello que está consagrado a Dios, no deben confundirse con las ofrendas regulares o las primicias.

La entrega de limosnas debe ser un ejercicio permanente de los hijos de Dios.

14. Luego de leer los pasajes bíblicos, completa las siguientes oraciones.

> *Cuando le ayudas al pobre a Dios le prestas; y Él paga admirables intereses sobre tu préstamo.*
> Proverbios 19:17, BAD

> *El que ayuda al pobre no conocerá la pobreza; el que le niega su ayuda será maldecido.*
> Proverbios 28:27, NVI

a. Dios considera que aquel que da limosnas, le hace un
_____ a Él.

b. Quien se acuerda de dar al pobre, nunca tendrá
_____ .

Busca Lucas 12:32-34 para completar los siguientes enunciados:

15. Jesús enseña a sus discípulos a _____ sus
_____ y dar a los _____.
De ese modo acumularán un _____
_____ en el _____.

Dios contrae una *deuda* con aquel que le da al pobre, de tal manera que se compromete a devolver ese *préstamo* con abundantes intereses. Sumado a esto, Dios promete que quien le da al pobre será librado de la pobreza, sin ser atacado jamás por ella. Por el contrario, quien no ayuda a los pobres, tendrá la retribución de sus acciones, acarreando maldiciones sobre sí mismo.

Cuando el Señor instruyó a sus discípulos a vender sus bienes y dar limosnas, fue para enseñarles que la acción de ayudar a los necesitados es muy importante. Además, quien da limosnas acumula un tesoro inagotable en el cielo.

Como habrás visto, las limosnas son mucho más que darle una monedita a un pobre; implican la expresión tierna y compasiva del Señor, a través de sus hijos, a favor de los necesitados. Es una identificación con el que padece necesidad, haciendo propio el dolor del que sufre y compartiendo con él de la provisión de Dios. En resumen, *la limosna es amor en acción practicado por quienes aprecian al prójimo como a sí mismos.*

CONCLUSIÓN

Cuando los hijos de Dios son administradores maduros de los recursos, entregan diezmos, ofrendas, primicias y limosnas con un corazón generoso que refleja las mismas características de su Padre celestial.

Al entregar lo consagrado al Señor, la motivación es reconocer quién es Él, mediante una manifestación de amor puro. Bajo esta premisa, todo lo que se le entrega adquiere una gran trascendencia porque el Señor puede hacer memoria de todo ello (ver Salmo 20:1-3).

8. UNA ELECCIÓN CON PROPÓSITO

Dios no es egoísta; lo demostró dando lo mejor y lo mayor que tenía, por el bien de la humanidad: a su Hijo Jesucristo. Es obvio que aquellos que recibieron la naturaleza divina tienen las mismas características que el Padre celestial, por lo tanto, tampoco son egoístas. Sería un completo despropósito que todo lo que ellos han recibido en Cristo, se redujera a un beneficio personal. El propósito del Señor al equipar a sus hijos sobrenaturalmente es que se dediquen a dar de lo que han recibido a toda persona, en todo lugar, en toda ocasión y en todo tiempo.

Lee el pasaje bíblico que se transcribe a continuación para responder posteriormente.

Pero ustedes son un pueblo elegido por Dios, sacerdotes al servicio del Rey, una nación santa, y un pueblo que pertenece a Dios. Él los eligió para que anuncien las poderosas obras de aquel que los llamó a salir de la oscuridad para entrar en su luz maravillosa.

1ª Pedro 2:9, PDT

1. ¿Qué significa para ti la frase *"pueblo elegido por Dios"*?

☐ a. Una declaración exagerada

☐ b. Un privilegio

☐ c. Una posición por la que hay que luchar

2. ¿Cómo interpretas la frase *"Él los eligió para…"*?

☐ a. Como un propósito previamente determinado

☐ b. Como una obligación a cumplir

Ahora lee el siguiente versículo bíblico y luego responde.

*Desde antes de crear el mundo Dios nos eligió,
por medio de Cristo, para que fuéramos sólo de él
y viviéramos sin pecado.*
Efesios 1:4, TLA

3.   ¿Desde cuándo el Señor nos eligió?

☐   a. Desde que estábamos en el vientre de nuestra madre

☐   b. Desde antes de crear el mundo

En la mayoría de los casos, los seres humanos estamos acostumbrados a tomar decisiones a último momento. Por hacerlo de esta forma, esas decisiones suelen no ser las más acertadas y producen resultados negativos. La Palabra demuestra que, contrario a la costumbre humana, Dios no actúa de esa manera, porque Él planeó elegirnos con mucha anticipación, antes de crear el mundo.

No cabe duda de que haber sido elegidos por el Señor es un privilegio inigualable. Pero para poder entender plenamente esta verdad, es imprescindible reconocer que privilegio y propósito son inseparables. Generalmente, queremos ser acreedores de algún privilegio para tener beneficios especiales que podamos disfrutar y que no están al alcance de todos. Sin embargo, si olvidamos que a todo privilegio lo antecede un propósito, no entenderemos para qué se nos otorgó el privilegio.

De la misma manera ocurre con el privilegio y el propósito que Dios nos ha dado. Para poder declarar a viva voz que somos un pueblo privilegiado y gozarnos en esa condición, debimos haber entendido primeramente el propósito para el cual Dios nos privilegió.

El propósito para el cual fuimos elegidos por el Señor es anunciar a toda persona, en todo tiempo y lugar, las maravillosas obras de Cristo a favor de la humanidad. El privilegio de ser llamados hijos suyos y ser miembros del cuerpo de Cristo, está relacionado con ese propósito.

Posees el privilegio más sublime para enfocarte por completo en realizar el propósito más trascendente del universo: anunciar a Cristo. Dalo a conocer con tus palabras, con tus acciones, con tus decisiones, con tu ejemplo, es decir, con tu vida misma, a fin de que otros puedan saber que Dios los está llamando de la oscuridad en donde están, para llevarlos a la luz que solo se encuentra en Jesucristo.

UNAS PALABRAS FINALES

Llegaste al final y has hecho un buen trabajo. Desde el inicio recorriste un camino de descubrimientos. Paso a paso comenzaste a conocer más profundamente la grandeza de la obra de Cristo a tu favor. Sin duda, esto te ha hecho valorar cada vez más el amor, el cuidado, los planes y el propósito del Señor para ti.

Gracias a Jesucristo, a partir de ahora:

- Disfrutas el regalo más extraordinario que no se puede comprar, *la salvación*.

- Por el *bautismo*, fuiste introducido a una *unión con Cristo*, para experimentar una vida superior.

- Por *el bautismo con el Espíritu Santo*, compruebas en ti mismo el poder de un ser sin igual.

- Gozas de una *libertad absoluta*, porque las ataduras del ocultismo fueron desechas para siempre en tu vida.

- La *salud del alma* que Dios te dio no dependió de terapias, sino del perdón.

Eres parte de un cuerpo incomparable, *la Iglesia*.

Comprendiste la importancia de los recursos divinos en manos humanas, para que seas un buen administrador de *las finanzas en el Reino*.

Sabes que Dios hizo *una elección con propósito* antes de crear el mundo, y en esa elección estabas tú.

¡Felicidades! Diste el *puntapié inicial* a un camino de victoria en *el juego más importante de tu vida*. Considérate un "competidor celestial" que tiene un objetivo que no se compara al de ningún competidor humano. Ahora tienes por delante un "torneo apasionante"; cuida cada detalle para que nada te estorbe en la competencia en la que decidiste participar, porque... *"Los que se preparan para competir en un deporte, dejan de hacer todo lo que pueda perjudicarlos. ¡Y lo hacen para ganarse un premio que no dura mucho! Nosotros, en cambio, lo hacemos para recibir un premio que dura para siempre"* (1ª Corintios 9:25, TLA).

Ocúpate de lo que recibiste; mantén tu comunión íntima con el Señor y la interrelación armónica con tus hermanos que pertenecen al cuerpo de Cristo. Y recuerda... comparte cada día con otros acerca de Cristo, quien tiene el poder de transformar a cada ser humano en una nueva persona.

ACERCA DE
LOS AUTORES

Daniel Dardano, Daniel Cipolla y Hernán Cipolla integran, junto con sus esposas, el Ministerio Generación en Conquista desde el año 1997. Sirven a la Iglesia de Jesucristo en varios países, brindando atención a los pastores y sus familias, y enseñando a los creyentes a vivir en plenitud la verdad de la Palabra de Dios. Los autores tienen la convicción de que la Iglesia es la única que representa a Cristo en el mundo y muestra en la práctica la realidad del Reino, por lo que su mayor deseo es que Cristo sea formado en los creyentes. Por esta razón, a través de su trabajo escrito quieren aportar herramientas que sean usadas por el Espíritu Santo para que se cumpla ese objetivo.

Si quieres saber más acerca de los autores o del ministerio que realizan, visita:

www.generacionenconquista.org

NIKHOS IDEAS

Ideas que transforman gente
es nuestro lema y estamos trabajando
para cumplir ese objetivo eficazmente.

Nos agradaría mucho recibir
tus preguntas y comentarios.

Escríbenos a: **contacto@nikhosideas.org**

También puedes visitar: **www.nikhosideas.org**